AF278642

RELATION

DE CE QUI S'EST PASSÉ A CHERBOURG

à l'occasion du

TRANSBORDEMENT DES RESTES MORTELS

D E

L'EMPEREUR NAPOLÉON.

Aussitôt que le Conseil Municipal de Cherbourg eut connaissance du projet de loi qui avait pour objet de rendre à la France les restes mortels de l'Empereur, il s'empressa de signer, sur la proposition du Maire, une pétition à la Chambre des Députés, pour demander que le transbordement eût lieu dans le port militaire.

Cette pétition, qui fut présentée au nouveau Conseil, dans la séance du 18 mai dernier, immédiatement après son installation, était ainsi conçue:

« Messieurs les Députés,

« Les cendres de Napoléon vont nous être rendues.

» Le Conseil Municipal de Cherbourg s'associe avec enthousiasme au grand acte que les Chambres vont consacrer par un vote solennel.

» Le sentiment qu'il exprime lui est commun avec toute la France; mais il a un autre devoir à remplir.

» Ce n'est pas seulement le conquérant qui porta si haut la gloire du nom français dont nous voulons aujourd'hui honorer la dépouille: c'est à des titres plus grands encore et surtout moins contestables aux yeux de l'humanité, que nous rendons le tribut de nos hommages.

» Napoléon fut un génie éminemment civilisateur. Nous lui devons des institutions qui font notre force et commandent l'admiration des étrangers. Nous lui devons des monuments qui sont impérissables comme sa gloire.

» Parmi ces derniers, le Port de Cherbourg se distingue à la fois et comme un témoignage de la perfection de l'art, et comme un monument élevé à la puissance et à la grandeur de la France.

» Nos souvenirs sont encore pleins de la présence de l'Empereur, lorsqu'il vint, il y a moins de 30 ans, imprimer à nos travaux l'activité de son génie.

» Le grand homme n'a pu voir la réalisation de ses projets. Le Port qu'il creusa venait de recevoir à peine les eaux de l'Océan, lorsque la fortune l'exila sur le rocher de Sainte-Hélène.

» Si ce Port qui s'enorgueillissait de son nom n'a pu le posséder vivant, qu'il ait au moins l'insigne honneur d'accueillir le premier son noble cercueil; que son ombre plane un instant sur ces gigantesques travaux, et contemple avec orgueil l'œuvre de ses hautes conceptions; qu'elle lui rende, avec son premier nom, toute l'énergie de cet intérêt de nationalité qui en activa les commencements et qui doit en hâter la fin.

» Messieurs les Députés, tout doit être solennel dans l'acte qui va s'accomplir. Le transbordement de ces restes précieux ne peut avoir lieu en pleine mer, à l'embouchure de la Seine, comme semblerait l'indiquer le projet soumis à vos délibérations. Le seul port où il puisse s'effectuer, c'est le port de Cherbourg. C'est là, c'est au milieu des œuvres de son génie créateur, que la France doit aux cendres du Héros ses premiers hommages; c'est là qu'une députation des grands Corps de l'Etat doit venir les recevoir au nom de la Nation pour les accompagner ensuite jusqu'au lieu qui doit les garder à toujours.

» En résumé, Messieurs les Députés, nous avons l'honneur de vous soumettre cette double proposition qui pourrait être ajoutée à la loi :

» 1° Le nom de NAPOLÉON sera rendu au Port militaire de Cherbourg.

» 2° Ce Port sera désigné pour l'arrivée en France et la translation sur un autre navire des restes mortels de l'Empereur.

» Nous sommes avec respect, etc.

Signés :   NOEL-AGNÈS, Maire; JAVAIN, BONFILS, PREUD'HOMME, EUDEL, CHAUFARD, COLLART, CHAZOT, DUFRESNE, MARIE, L'EGUILLON, Anténor LIAIS, PINEL, HENRY, BELIN, HERVIEU, TALBOT, ROSSIGNOL, KIRKHAM, FOULON, VILDIEU, MORIN, FOSSEY, Eugène LIAIS. »

➣ 4 ⋘

Le vœu du Conseil ayant été accueilli favorablement, et l'arrivée de la frégate la *Belle-Poule*, commandée par S. A. R. M.gr le princ de Joinville, étant indiquée comme devant avoir lieu vers le 15 décembre, le Conseil Municipal, dans sa séance du 24 novembre dernier, adopta unanimement le projet d'arrêté qui suit :

ARTICLE PREMIER.

« A l'occasion du transbordement du cercueil impérial, il sera fait, aux frais de la Commune, par les soins du Bureau de Bienfaisance, une distribution extraordinaire de pain et d'autres secours jugés les plus nécessaires à la classe indigente.

ART. 2.

» Au jour fixé, d'accord entre les divers chefs d'administration, M. le Maire, à la tête du Conseil Municipal et de la Garde Nationale, partira de l'Hôtel-de-Ville pour aller déposer sur le cercueil de l'Empereur et au nom de la ville de Cherbourg, une couronne de laurier et de chêne en or, sur la banderole de laquelle sera tracée l'inscription suivante :

A Napoléon le Grand,
la ville de Cherbourg reconnaissante.

ART. 3.

» Une demande sera adressée au Ministre, dans le but de faire réserver, dans la décoration du mausolée, à l'Hôtel des Invalides, une place pour la couronne votée par la ville de Cherbourg.

Art. 4.

» Seront invités à se joindre au cortége :

» 1° Toutes les autorités civiles et militaires de Cherbourg ;

» 2° Toutes les autorités civiles et militaires du département qui se trouveront à Cherbourg ;

» 3° MM. les anciens militaires et gardes nationaux qui se présenteront en uniforme.

Art. 5.

» M. le Maire est invité à se concerter avec les autorités maritimes, militaires et ecclésiastiques, pour combiner la cérémonie qui précède avec la cérémonie religieuse qui aura lieu au moment du transbordement.

Art. 6.

» Pendant le séjour des cendres de Napoléon à Cherbourg, la Mairie et les autres Etablissements comunaux arboreront le drapeau national avec les signes du deuil. Les habitants seront invités à imiter cet exemple.

Art. 7.

» La place du Rempart agrandie de tout l'espace nouvellement conquis sur la mer, et dont nous jouissons, comme des terrains de a Mielle et de la Divette, en vertu d'un décret impérial, portera, à compter de ce jour, le nom de PLACE NAPOLÉON.

ART. 8.

» Dans la prévoyance que le gouvernement voudra consacrer, par un monument national, le souvenir du glorieux événement dont nous allons être témoins, le Conseil exprime le vœu que ce monument soit érigé sur l'emplacement ci–dessus désigné.

ART. 9.

» M. le Maire est chargé de l'exécution du présent arrêté. »

Ce projet d'arrêté fut envoyé immédiatement à l'approbation de l'autorité supérieure.

Le dimanche 29 novembre, au soir, la frégate la *Belle–Poule* fut signalée, et le 30 à cinq heures du matin elle mouilla sur la rade.

Une salve de 101 coups de canon, tirée par les batteries de la marine, annonça aux habitants cette heureuse nouvelle.

La commission de santé se rendit aussitôt en rade pour faire prêter au capitaine de la *Belle–Poule* l'interrogatoire d'usage, et sur le rapport favorable qui eut lieu, le Maire, président de la commission sanitaire, admit immédiatement la frégate à libre pratique.

M.gr le prince de Joinville ne tarda pas à se rendre à terre, où

vint, comme commandant d'un bâtiment du Roi, prendre les ordres de l'Amiral Préfet maritime. Il n'y resta que peu de temps et
retourna de suite à son poste auprès du dépôt précieux qui lui
était confié.

Le lendemain, S. A. R. reçut à la Préfecture M. le Préfet du département, M. le Sous-Préfet, les Tribunaux, le Maire à la tête du
Conseil Municipal, la Garde Nationale, le Clergé, le corps des
Officiers de la marine et de la guerre et les autres autorités présen-
tes à Cherbourg.

Le mercredi 2 décembre, la frégate la *Belle-Poule* entra dans
le Port militaire au bruit de l'artillerie des forts qui saluèrent le
cercueil impérial, et vint mouiller à peu de distance du quai N. O.
de l'avant-port.

S. A. R. empressée de procurer aux habitants les moyens de venir déposer leurs hommages sur la tombe de l'Empereur, arrêta
les dispositions contenues dans la lettre suivante :

Cherbourg, le 3 décembre 1840.

» A Monsieur le Maire de Cherbourg.

» MONSIEUR LE MAIRE,

» S. A. R. le prince de Joinville vient d'arrêter les dispositions
suivantes relativement à la visite du cercueil impérial déposé à
bord de la frégate la *Belle-Poule.*

» Tous les jours de 1 heure à 4, seront admis avec les dames qui les accompagneront, MM. les Officiers civils et militaires qui se présenteront en uniforme.

» Seront en outre admis:

» Dimanche prochain 6 du courant, de 1 heure à 4, MM. les Gardes Nationaux en uniforme ; et le lundi suivant, de 1 heure à 4, les Marins et Soldats de toutes armes.

» Tous les jours et à toute heure, seront admises les personnes qui se présenteront avec une permission de vous.

» Recevez, Monsieur le Maire, l'assurance de ma considération très distinguée,

» Le Contre-Amiral Préfet maritime,
» Signé : J. DE MARTINENG. »

Depuis ce jour jusqu'à celui du départ, les habitants de Cherbourg, de l'arrondissement et de diverses parties du département, se portèrent en foule à bord de la *Belle-Poule*, où ils furent admis à visiter la chapelle au milieu de laquelle reposait le corps de Napoléon.

Dans cet intervalle, le prince reçut de Paris l'ordre de préparer le transbordement pour le mardi 8 décembre, et de partir dans la même journée.

Aussitôt que cette nouvelle parvint à sa connaissance, M. le Préfet du département, accompagné du Sous-Préfet et du Maire, se rendit à bord de la frégate, pour prendre les ordres de S. A. R. relativement aux honneurs civils à rendre dans cette circonstance solennelle. Le prince crut devoir s'abstenir de donner aucun ordre à ce sujet, son autorité étant limitée à la frégate qu'il commandait, et toutes les opérations qui ont lieu dans l'enceinte du Port militaire étant exclusivement du ressort de l'autorité maritime du lieu.

Le Maire reçut effectivement dès le lendemain la communication officielle des dispositions arrêtées pour le transbordement. Ces dispositions étaient ainsi conçues :

1º Le 8 décembre, le cercueil de l'empereur Napoléon sera transbordé sur le bâtiment à vapeur la *Normandie*.

» Toutes les dispositions seront prises à l'avance pour donner à cette cérémonie la solennité qu'elle comporte.

» 2º Au lever du soleil les bâtiments de guerre, dans le port et en rade, à l'exception de la frégate la *Belle-Poule*, qui se pavoisera, mettront leurs vergues en pantenne, en hissant leur pavillon à mi-mât.

» Tous les bâtiments du commerce français qui se trouveront à Cherbourg auront également leur pavillon à mi-mât en signe de deuil.

» 3º A dix heures du matin, il sera célébré à bord de la frégate la *Belle-Poule* une messe solennelle, après laquelle aura lieu le transbordement.

» Seront invités à se rendre à bord pour y assister :

MM. Le Préfet maritime.
     Le Préfet de la Manche.
     Le Général commandant le département.
     Le Sous-Préfet.
     Le Président du tribunal civil.
     Le Président du tribunal de commerce.
     Le Maire, les Adjoints et dix Conseillers Municipaux.
     Le Commandant de la place.
     Le Procureur du Roi.
     Les Chefs de corps et le Commandant de la Garde Nationale.
     Les Chefs de service de la marine.
     Les Commandants des bâtiments du Roi.

» Pendant le service divin (dont la durée sera indiquée par un pavillon blanc à croix rouge, hissé en tête du mât de misaine du vaisseau le *Friedland*), la batterie de l'arsenal et le stationnaire tireront alternativement un coup de canon de minute en minute.

» Après la cérémonie religieuse, MM. les Officiers chefs de corps descendront à terre pour prendre le commandement de leurs troupes.

» 4° A neuf heures et demie du matin, la Garde Nationale de la ville et toutes les troupes de terre et de mer seront rangées en bataille dans le Port, la droite appuyée à l'extrémité du quai, près l'ancienne calle du *Friedland*, en se prolongeant sur le quai de l'avant-port jusqu'au pont-tournant et même au-delà.

» La Garde Nationale occupera la droite; les autres corps seront placés selon le rang qui leur est assigné par les ordonnances.

» On conservera, entre le bord du quai et la ligne formée par les troupes, un espace de 5 à 6 mètres qui peut devenir nécessaire pour les besoins du service.

» On n'y laissera circuler personne.

» La partie de cet espace, la plus rapprochée de la poupe de la frégate la *Belle-Poule*, sera exclusivement réservée aux Officiers civils et militaires.

» 5° Au moment où la frégate la *Belle-Poule* amènera le pavillon qu'elle a en tête du grand mât, les troupes présent eront les armes, et les tambours battront aux champs.

» Tous les Officiers salueront de l'épée.

» Les deux caronades du musoir tireront chacune un coup de canon.

» A ce signal, tous les forts, la batterie de la marine, celle de la Digue et les bâtiments de guerre qui pourront se trouver en rade, feront une salve de 21 coups de canon.

» 6° Immédiatement après le transbordement, les bâtiments composant le convoi funèbre, sortiront du Port militaire dans l'ordre suivant, pour se rendre en rade où il s'amarreront sur des corps morts.

Ordre du Convoi : { La *Normandie*.
Le *Courrier*.
Le *Véloce*.

» Après le départ des bâtiments, les troupes rentreront dans leurs casernes.

» 7° La batterie de l'arsenal et le stationnaire continueront à tirer un coup de canon de quart-d'heure en quart-d'heure, jusqu'au moment où le convoi funèbre quittera la rade.

» 8° Le départ du convoi sera annoncé par trois coups de canon successifs tirés par le *Véloce*.

» A ce signal, tous les forts, les batteries de la marine et les bâtiments de guerre feront une dernière salve de 21 coups de canon.

» 9° Les Officiers seront en grande tenue et auront le crêpe au bras et à l'épée.

» 10° L'entrée du Port militaire sera permise à tout le monde.

» *Cherbourg*, le 5 décembre 1840.

» Le Préfet maritime,

» Signé : J. De Martineng. »

Le même jour, le Maire reçut du Gouvernement l'approbation de la délibération du Conseil. Il s'empressa de transmettre au

Prince une copie de la lettre du Ministre de l'intérieur, accompagnée d'une expédition de la délibération, en le priant de permettre à bord de son navire l'exécution de la partie de cette délibération qui en était susceptible, et le remplacement provisoire, par une couronne de laurier, de celle qui avait été votée par le Conseil, et que le défaut de temps n'avait pas permis de confectionner.

M. le Préfet maritime reçut le même jour une lettre de M. le Ministre de la marine, qui lui annonçait l'approbation des dispositions arrêtées par le Conseil Municipal.

S. A. R. s'empressa de déférer au vœu qui lui avait été exprimé par M. le Maire.

L'ordre du jour suivant annonça à la Garde Nationale la part qu'elle devait prendre à cette solennité.

« Ordre du jour du 5 décembre 1840.

» En conséquence des ordres donnés par M. le Maire, conformément aux dispositions arrêtées pour le transbordement des cendres de l'empereur Napoléon, qui aura lieu mardi 8 de ce mois, le bataillon prendra les armes ledit jour en grande tenue d'hiver, les Officiers en hausse-col, le crêpe au bras et au sabre.

» Le bataillon se réunira à 8 heures du matin sur la place d'Armes et se dirigera vers le Port militaire où il sera rangé en bataille, la droite appuyée à l'extrémité du quai près l'ancienne calle du *Friedland*, en se prolongeant sur le quai de l'avant-port. La compagnie d'artillerie marchera avec ses pièces, aura la gauche du bataillon, et prendra la position qui lui sera assignée pour faire ses salves.

» Au moment où la *Belle-Poule* amènera le pavillon qu'elle a en tête du grand mât, les troupes présenteront les armes et les tambours battront aux champs; tous les Officiers salueront du sabre.

» Les deux caronades du musoir tireront chacune un coup de canon. A ce signal, la compagnie d'artillerie fera une salve de 21 coups de canon, en même temps que les autres batteries.

» Après le départ du convoi du Port militaire, la Garde Nationale rentrera en ville, et la compagnie d'artillerie prendra position sur la place du Rempart, pour y faire la salve du départ du convoi de la rade, et en même temps que les batteries de la guerre et de la marine.

» L'assemblée sera battue la veille au soir, une heure avant la retraite militaire, et le rappel sera battu le matin à 7 heures moins un quart.

» L'Adjudant-Major est chargé, en ce qui le concerne, de l'exécution du présent.

» Le Chef de bataillon commandant la Garde Nationale,

» Signé: JOUANNE.

» *Approuvé:*

» Le Maire de Cherbourg,

» Signé : NOEL-AGNÈS. »

Le séjour du convoi impérial dans notre Port fut accompagné du plus beau temps dont on puisse jouir dans cette saison. La matinée du 8, quoique précédée d'une nuit pluvieuse, fut cependant assez favorable pour que la cérémonie ne perdît rien du caractère imposant qui s'y rattachait.

A neuf heures, la Garde Nationale, les Troupes de terre et de mer, les Equipages de ligne, les Préposés des Douanes se rendirent en armes dans le Port militaire, dont ils occupèrent toute la longueur du quai.

Peu de temps après, le Maire et les Adjoints, à la tête du Conseil Municipal, partirent de l'Hôtel-de-Ville pour se rendre à bord de la frégate la *Belle-Poule*, conformément à l'invitation qui leur en avait été adressée.

Ils y trouvèrent réunis les autres fonctionnaires qui avaient été également invités, les Officiers de la frégate et M.gr le prince de Joinville à leur tête.

Là, un spectacle imposant s'offrit bientôt à leurs yeux.

La frégate était revêtue de toutes ses couleurs et contrastait avec tous les autres bâtiments qui avaient arboré le signe de deuil.

Un riche autel s'élevait au pied du mât d'artimon, faisant face à l'avant du navire; il était couronné d'un trophée d'armes et de drapeaux. A quelques pas de là, sur le pont de la frégate, reposait le sarcophage impérial, revêtu d'un magnifique drap de velours parsemé d'abeilles d'or, enrichi, à chaque angle, d'aigles brodés en fil du même métal et revêtu d'hermine semée de larmes noires. A droite et à gauche du cercueil impérial, un piquet d'honneur fourni par la Garde Nationale et par les différents corps de la garnison. En arrière, M.gr le prince de Joinville, revêtu de son uniforme et du grand cordon de la Légion-d'Honneur, était à la tête des assistants, tous debout et dans le recueillement. Aux quatre coins du poêle, on voyait MM. les généraux Bertrand et Gourgaud, revêtus de leur uniforme et décorés de plusieurs ordres militaires; MM. de Rohan Chabot, Commissaire du Roi, et Marchand, portant l'uniforme de la Garde Nationale de Paris. Sur le reste du pont, les marins de la frégate, à leurs poste et en silence, participaient aux pensées graves qui préoccupaient toute l'assistance.

M. l'abbé Coquereau, aumônier de l'expédition, n'a pas tardé à paraître à la tête d'une partie du clergé de Cherbourg. Il était as-

sisté par M. le Curé et par M. l'abbé Rauline, aumônier de l'hôpi-
tal de la marine. M. l'abbé Regnet, curé de Notre-Dame-du-Roule
et chanoine honoraire de Saint-Denis, remplissait les fonctions de
chantre.

La cérémonie religieuse a commencé immédiatement, et c'est
alors que cette solennité a acquis un caractère de grandeur que le
lieu même augmentait encore et que la plume est impuissante à
décrire. La voûte du temple qui couvrait le héros, c'était le ciel. La
base sur laquelle reposait son noble cercueil, c'était une partie de
l'immensité des mers. La pompe de ses funérailles, c'étaient les
œuvres de son génie. Le calme des vents s'unissait comme à dessein
avec la tranquille majesté des flots. Les nuages amoncelés sem-
blaient un voile de deuil dont la nature s'était revêtue. La musique
de la frégate, placée sur le gaillard d'arrière, mêlait sa lugubre
harmonie aux chants religieux, interrompus de temps à autre
par les détonations de l'artillerie. Les quais, dans toute leur éten-
due, déployaient un grand appareil militaire, et la population,
quoique éloignée, s'unissait au reste de l'assistance par tous les sentiments qu'inspirait cette auguste cérémonie.

L'office terminé, M. le Maire s'est avancé au pied du cercueil,
portant une couronne de laurier et d'immortelle; puis, d'une voix
émue, il a prononcé le discours suivant:

Monseigneur, Messieurs,

» Nous approchons tous de ce cercueil avec un trouble religieux.
Quel spectacle, en effet, doit exciter en nous de plus grandes, de
plus saintes émotions?

» Il est là, renfermé dans cette étroite et funèbre demeure, celui
que l'Europe entière pouvait à peine contenir!

» Il est étendu sous nos yeux, froid et sans mouvement, celui dont le cœur battait si fort aux noms de gloire et de patrie; qui domptait tous les obstacles par son génie, dont la prodigieuse activité consommait les jours comme autrefois on consommait les années !

» Il est là, sans action et sans voix, dans le lieu même où, il y a 3o ans, sa parole créatrice imprimait à nos travaux la rapidité de ses conceptions, et préparait à la France un nouveau monument de force et de grandeur !

» Messieurs, rendons grâces au Roi, à qui nous devons cette grande réparation, dont nous sommes les heureux et les premiers témoins. Lui aussi porte un cœur qui s'émeut à toutes les gloires de la France.

» Rendons grâces au Prince qui s'est associé si dignement à l'exécution de cette patriotique entreprise, et dont la présence arrête ici l'expression des sentiments et des pensées qui nous animent avec la France entière, et que bientôt nous entendrons répéter avec orgueil sur toutes les rives étrangères.

» Cette enveloppe de terre est bien peu sans doute, comparée au souffle divin qui l'animait autrefois; mais le Roi a compris que tout ce qui avait appartenu au Héros ne pouvait rester étranger à son pays. Il a compris que ces restes, quoique inanimés, exciteraient encore au milieu de nous la puissance des souvenirs, et qu'au jour où l'épée de la France devrait sortir du fourreau, elle puiserait dans cette tombe l'étincelle sacrée de cette ardeur qui gagnait les batailles et renversait les projets élevés contre l'honneur et les intérêts de la patrie.

» NAPOLEON, tu fus le bienfaiteur de cette cité ! Nous te devons une éternelle reconnaissance. Que ton ombre auguste reçoive ici nos hommages ! Permets que nous ajoutions cette couronne à toutes celles qui ont ceint ton front, à la foule de toutes les couronnes que la postérité décernera à ta gloire. Que ton génie plane sur nous, que ton patriotisme nous inspire et que ta grande ame se réjouisse en voyant la France heureuse et puissante entre les Nations!»

Ce discours prononcé, M. le Maire, après avoir fléchi le genou, a déposé respectueusement sur le cercueil la couronne dont il était porteur. Ce simple hommage d'une ville reconnaissante, au milieu d'une cérémonie déjà si touchante, a porté l'émotion au plus haut degré, et plus d'une larme a mouillé les yeux des assistants.

Chacun a été ensuite admis à l'honneur de jeter de l'eau bénite sur le cercueil, et la solennité religieuse s'est ainsi terminée. L'opération du transbordement a suivi immédiatement.

Les ornements du sarcophage ont été enlevés, et le cercueil extérieur en chêne a été mis à nu. Plusieurs sangles qui l'entrelaçaient ont servi à fixer par dessous des barres de bois dépassant les côtés du cercueil dans une assez grande longueur, de manière que 40 hommes environ ont pu réunir leurs forces pour soulever ce lourd fardeau.

La *Normandie* présentait l'arrière au flanc droit de la *Belle-Poule*. Les deux navires étaient réunis par un plan incliné, sur lequel on avait établi un support dont le plan supérieur était horizontal.

Le cercueil a été porté à bras sur ce support qu'on a fait glisser jusque sur le pont de la *Normandie* où il a été assujetti. On l'a recouvert ensuite de ses ornements parmi lesquels figurait la couronne qui venait d'être déposée au nom de la ville.

Cette opération, qui présentait d'assez graves difficultés, a eu lieu avec toute la dignité dont elle était susceptible. Le Prince commandait lui-même, et seul il en surveillait tous les détails.

Au moment où le cercueil a passé sur la *Normandie*, les honneurs militaires indiqués par le programme ont été rendus.

Les troupes ont présenté les armes, les tambours battant aux champs et les officiers saluant de l'épée.

Tous les forts, la batterie de la marine, celle de la Digue et les bâtiments de guerre sur rade ont fait chacun une salve de 21 coups de canon.

Bientôt les roues du steamer ont été mises en mouvement, et il a quitté le Port suivi du *Véloce* et du *Courrier* qui portaient les marins de la *Belle-Poule* désignés pour accompagner le convoi jusqu'à Paris.

A deux heures et demie, le convoi impérial a quitté la rade au bruit de l'artillerie des forts et des bâtiments de guerre.

Ainsi s'est terminée cette journée mémorable qui restera parmi les plus glorieuses dans les annales de Cherbourg.

Les pauvres, qui participent à toutes les fêtes publiques, ne pouvaient être oubliés dans une solennité funèbre. Le Conseil Municipal avait mis à la disposition du Maire une somme de 1,000 fr. qui leur a été distribuée en pain et en linge, par les soins du Bureau de Charité, et le Prince a ajouté à ce bienfait une somme égale. Elle a été répartie entre un assez grand nombre de pétitionnaires qui lui avaient demandé des secours.

Le Maire de Cherbourg.

Cherbourg, Imprimerie de NOBLET, rue de la Fontaine.